BEI GRIN MACHT SICH IHR WISSEN BEZAHLT

- Wir veröffentlichen Ihre Hausarbeit, Bachelor- und Masterarbeit
- Ihr eigenes eBook und Buch - weltweit in allen wichtigen Shops
- Verdienen Sie an jedem Verkauf

Jetzt bei www.GRIN.com hochladen und kostenlos publizieren

Bibliografische Information der Deutschen Nationalbibliothek:

Die Deutsche Bibliothek verzeichnet diese Publikation in der Deutschen Nationalbibliografie; detaillierte bibliografische Daten sind im Internet über http://dnb.d-nb.de/ abrufbar.

Dieses Werk sowie alle darin enthaltenen einzelnen Beiträge und Abbildungen sind urheberrechtlich geschützt. Jede Verwertung, die nicht ausdrücklich vom Urheberrechtsschutz zugelassen ist, bedarf der vorherigen Zustimmung des Verlages. Das gilt insbesondere für Vervielfältigungen, Bearbeitungen, Übersetzungen, Mikroverfilmungen, Auswertungen durch Datenbanken und für die Einspeicherung und Verarbeitung in elektronische Systeme. Alle Rechte, auch die des auszugsweisen Nachdrucks, der fotomechanischen Wiedergabe (einschließlich Mikrokopie) sowie der Auswertung durch Datenbanken oder ähnliche Einrichtungen, vorbehalten.

Impressum:

Copyright © 2017 GRIN Verlag
Druck und Bindung: Books on Demand GmbH, Norderstedt Germany
ISBN: 9783668638211

Dieses Buch bei GRIN:

https://www.grin.com/document/412443

Marco Hauptmann

Absicht. Grundlegende Gedanken und Distinktion vom Wollen

GRIN Verlag

GRIN - Your knowledge has value

Der GRIN Verlag publiziert seit 1998 wissenschaftliche Arbeiten von Studenten, Hochschullehrern und anderen Akademikern als eBook und gedrucktes Buch. Die Verlagswebsite www.grin.com ist die ideale Plattform zur Veröffentlichung von Hausarbeiten, Abschlussarbeiten, wissenschaftlichen Aufsätzen, Dissertationen und Fachbüchern.

Besuchen Sie uns im Internet:

http://www.grin.com/

http://www.facebook.com/grincom

http://www.twitter.com/grin_com

Essay mit dem Titel:

Absicht
Grundlegende Gedanken und Distinktion vom Wollen

Autor:

Marco Hauptmann
Studiengang Soziologie
3. Fachsemester
Modul: E.2 Wahlbereich Kontextstudium Bachelor Soziologie
Essaykurs nicht belegt

Abgabe: 12.04.2017

Der Begriff der *Absicht* ist einer jener Begriffe, denen der sonderbare Fall zu eigen ist, dass, darauf angesprochen, die Mehrheit behaupten würde zu wissen, was damit gemeint sei oder zumindest nicht deren Existenz abspräche. Und doch ist Absicht nicht fassbar, nicht direkt beobachtbar, allenfalls – und das nicht einmal mit Gewissheit – aus Handlungen ableitbar, was letztlich immer noch die Frage aufwirft, was man denn nun abgeleitet hat? Die Suche nach einer Definition oder gar eines Verständnisses eines solchen Begriffs ist nicht selten ein hoffnungsloses Sprachspiel, doch es spricht nichts dagegen ein Sprachspiel zu finden, das von den meisten akzeptiert wird. Und daran soll dieser Essay ansetzen, indem die beiden Fragen angegangen werden: Was sind die Grundzüge der Absicht? Und wie steht Absicht im Verhältnis zum Wollen?

Beginnen wir mit den Fundamenten der Absicht. Was ist Voraussetzung für Absicht? Zu aller erst ein *Träger* der Absicht. Ein Organismus, der davon überzeugt ist, sich Kausalität zunutze zu machen zu können, um ein bestimmtes Ziel erreichen zu können. Ein Organismus mit der Gewissheit, dass er in die Welt[1] eingreifen, diese manipulieren und verändern kann. Das heißt nicht, dass derjenige Organismus Konzepte von Kausalität, Absicht etc. vergegenwärtigen können muss, es genügt die Erfahrung, dass das, was man tut, einen Unterschied in der Welt macht. Wenn Seligman[2] in seinem Experiment Hunden Elektroschocks verabreicht, welche diese durch ihr eigenes Verhalten in keiner Weise beeinflussen können und besagte Hunde in einer zweiten Phase des Experiments diese Elektroschocks passiv über sich ergehen lassen und in einen Zustand der Apathie und Lethargie übergehen, obgleich ihnen nun die Möglichkeit gegeben ist, durch einen einfachen Wechsel von der Box, in der sie sich befinden, in eine andere mit ersterer verbundenen Box, den Schocks zu entgehen, hat Seligman nichts weiter getan als den Hunden die Überzeugung zu nehmen, dass das eigene Verhalten einen Unterschied macht. Er hat ihnen ihre Absicht genommen oder zumindest eine Voraussetzung dafür.

Dies zeigt bereits die enge Verbindung zwischen Absicht und Handlung. Eine Absicht ohne Handlung ist sinnlos, weil nur eine Handlung einen Eingriff in die Welt erlaubt und nur ein Organismus, welcher um seine Eingriffsmöglichkeit in die Welt weiß, Ab-

---

[1] Hier wird noch der Begriff Welt statt Umwelt verwendet, um auf ein zugrundeliegendes, holistisches Weltbild hinzuweisen. Der Organismus selbst ist Teil der Welt, was wiederum bedeutet, dass der Organismus auch in sich selbst eingreifen kann.

[2] Seligman, Erlernte Hilflosigkeit. Über Depression, Entwicklung und Tod, S.21f

sicht benötigt, um schließlich bei der Entscheidung zu helfen **wie** er eingreift – und dies ist auch die distinktive Frage der Absicht: *Wie greife ich in die Welt ein?* Daraus folgt, dass die Absicht **vor** der Handlung auftreten muss. Die Frage nach dem *Wie des Eingreifens* muss vor dem Eingreifen geschehen, nach dem Eingreifen stellt sie sich nämlich nicht mehr, das *Wie* würde sich durch die Handlung selbst beantworten. Die Beantwortung des *Wies* durch die Handlung selbst ist aber nichts weiter als die Beschreibung eines Reflexes. Absicht zeichnet sich gerade dadurch aus, dass sie die Wie-Frage vorwegnimmt und verhindert, dass diese mit der Handlung zusammenfällt[3].

Die Rolle der Absicht ist damit die eines Puffers. Absicht verhindert, dass Reiz und Reaktion unmittelbar zusammenfallen, dies würde die Frage nach dem Wie des Eingreifens nämlich erübrigen. Absicht im Wechselspiel mit dem *Wollen*, wie im Verlaufe dieses Essays noch aufgezeigt wird, entkoppelt Reiz und Reaktion, isoliert einen Teil des Subjekts[4] kurzzeitig von der Welt, um eine Handlung mit dem Nutzen aufzuschieben, dass in der abgekoppelten Phase zwischen Reiz und Reaktion zum einen neue Reize auftreten können, welche eine bessere Reaktion zur Folge haben können und zum anderen, je nach kognitiver Leistung des Organismus, alte Reize in Form von Erinnerungen, Bauchgefühl etc. oder bei entsprechender Systematisierung dieser Erinnerungen, in Form von Argumenten, Gründen, Glauben etc. herangezogen werden können, um die Reaktion weiter zu optimieren[5]. In der Absicht transzendiert sich das Subjekt, aber auch die Handlung selbst, da diese durch die Absicht über sich hinaus verweist. Handlung findet nicht um der Handlung willen statt, sondern um den Willen des Subjekts.

---

[3] Aber was ist das reflexhafte Ausweichen eines auf jemandem zufahrenden Autos? Ist dieses Ausweichen keine Absicht? Ich würde behaupten: Nein. In diesem Fall ist es ein Wollen. Der Organismus will am Leben bleiben und dieses Wollen ist von derartiger Potenz, dass er Handlungen unter die Direktive dieses Wollens zieht und der willkürlichen Kontrolle entzieht. Da Wollen, wie wir unten noch sehen werden, der Absicht vorangestellt ist und diese leitet, würden jedoch wenige im Nachhinein behaupten sie hätten nicht die Absicht gehabt auszuweichen.

[4] In der Absicht wird eigenes Verhalten vorweg reflektiert, der Organismus schafft sich eine geistige Nische, in der er dem *Strom der Dinge* ein Stück weit entkommt. Entsprechend auch hier der Wechsel vom weltlich verankerten Organismus zum transzendentaleren *Subjekt*.

[5] Das heißt nicht, dass Reaktionen basierend auf Argumenten, Glauben etc. anderen Reaktionen prinzipiell überlegen sind. Allerdings scheint es sich evolutionär als günstig erwiesen zu haben, nicht auf den ersten Reiz mit einer Reaktion herauszuplatzen, sondern die Reaktion aufzuschieben, sich weitere Reize, also Informationen über die Umstände einzuholen und, wenn möglich, Handlungsfolgen zu antizipieren.

Das bedeutet fernerhin, dass Absicht nicht erst mit Ausführung der Handlung zu existieren beginnt. Theoretisch kann eine Absicht bestehen, ohne dass diese je in einer Handlung umgesetzt worden wäre. So kann jemand beabsichtigen ein Buch zu schreiben, Tag für Tag, Jahr für Jahr ausschließlich im Kopfe an der Geschichte, den Charakteren, den Ausdrucksweisen etc. feilen und schließlich unverhofft in einem Autounfall ums Leben kommen ohne auch nur einen Buchstaben auf Papier gebracht zu haben oder irgendjemanden von der Absicht ein Buch zu schreiben erzählt zu haben. Niemand wusste von dieser Absicht, sie hat nicht die geringste Spur in der Welt hinterlassen, praktisch nicht existiert und doch hat sie es. Absicht kann sich nur im Subjekt abspielen, die Außenwelt hat hier kein Mitspracherecht, welches über das Liefern von Informationen zur Bildung dieser Absicht hinausgeht.

Bevor wir mit unserer Betrachtung fortfahren, möchte ich einen kleinen Haken schlagen und den Nachteil von Anscombes *Warum-Frage*[6] aufwerfen. Nämlich, dass die Absicht, die eine Warum-Frage zu Tage fördert, nicht zwangsläufig diejenige ist, die man erfragen wollte. Als eine der Handlung nachträgliche Frage läuft sie Gefahr eine ebenso nachträgliche Rechtfertigung als Antwort zu erhalten, welche mit der Absicht der befragten Handlung nichts mehr zu tun haben muss. Nehmen wir an, dass ein Fußballspieler, der alleine vor dem leeren, gegnerischen Tor steht, beabsichtigt den Ball ins Tor zu schießen, den Ball aber nicht richtig trifft, sagen wir, die Bänder in seinem Fußgelenk, mit welchen er schon seit einiger Zeit Probleme hat, stabilisieren den Fuß beim Schussversuch mit der Innenseite nicht genug, der Fuß dreht sich unverhofft zu weit nach außen und statt eines Schusses kommt ein seitlicher Pass zum mitlaufenden Mitspieler heraus, welcher dann das Tor schießt. Die Bewegung des nachgebenden Fußgelenks wirkte noch so natürlich, dass niemand Verdacht auf ein Missgeschick schöpft. Auf die Frage nach dem Spiel „Warum haben Sie nicht aufs Tor geschossen?" oder „Warum haben Sie den Ball abgespielt?" antwortet der Spieler „Ich wollte mannschaftsdienlich sein" oder „der Thomas hat schon lange kein Tor mehr geschossen, da wollte ich ihm eins gönnen". Damit haben wir zwar eine Absicht (in Alltagssprache) erhalten, aller-

---

[6] Anscombe, Intention, S.9ff. Allerdings scheint es Anscombe auch primär darum zu gehen, ob eine Handlung *absichtlich* ist und nicht, welche oder ob überhaupt eine bestimmte Absicht dahinter steckt. Ob Absicht und absichtliche Handlungen (man könnte hier von *Absichtlichkeit* sprechen) zwei verschiedene Konzepte sind wie sie impliziert (ebd., S.1) ist diskutabel, wird in diesem Essay aufgrund der Kürze aber nicht behandelt.

dings diejenige der unmittelbaren Handlung, nämlich die der Formung dieser speziellen Sätze mit der Absicht keinen Fehler eingestehen zu müssen, da das z.b. dem Image schaden könnte oder schlicht den Prinzipien einer Leistungsgesellschaft widerspricht etc. Die zu erfragen gewünschte Absicht des aufs Tor Schießens blieb uns jedoch verwehrt. Aber selbst, wenn nun nicht bewusst gelogen wird, hat die nachträgliche Warum-Frage den Nachteil, dass sie nicht zu berücksichtigen scheint, dass Menschen kein perfektes Wissen über sich selbst besitzen. Häufig ist uns gar nicht klar, warum wir bestimmte Dinge tun oder wir haben die Gründe für vergangenes Handeln bereits vergessen. „Warum hast du den Schokoriegel gegessen?" Geläufige Antwort: „Ich hatte Hunger." Also die Absicht: Hunger stillen. Wiederum handelt es sich hierbei nicht selten um eine nachträgliche Rechtfertigung, also der Absicht möglichst akzeptable Gründe für die eigenen Handlungen zu bieten, um nicht als inkonsistent zu gelten bzw. um einem rationalen Weltbild gerecht zu werden etc. Die eigentlich gewünschte Absicht der Handlung vom Essens des Schokoriegels mag einem gar nicht bewusst sein, man ging schlicht zum Kühlschrank öffnete ihn, sah einen Schokoriegel, nahm und aß ihn. Weiß der Geier warum. Oder eventuell hatte man sogar eine Absicht, diese war jedoch so insignifikant, dass man sich ihrer nicht mehr erinnern kann. Sich einer Handlung bewusst zu sein reicht noch nicht, um sich deren Absicht bewusst zu sein. Die Warum-Frage krankt daran, dass sie den Menschen idealisiert und dessen Wissen über sich selbst überschätzt.

Wie kommt nun Absicht zustande und wie wird man sich ihrer bewusst? Absicht mag dem Subjekt die Möglichkeit geben sich von einer empfundenen Außenwelt in gewisser Weise zu isolieren, doch ist Absicht damit nicht losgelöst von der Welt. Ganz im Gegenteil. Wenn Absicht das vorweggenommene Wie des Eingreifens in die Welt mittels Handlungen beschreibt, braucht sie geradewegs die Welt als Angelpunkt. In jeder Situation, einem Schnittpunkt von Raum und Zeit, stattet die Welt ein Subjekt mit einer limitierten Anzahl von Handlungsmöglichkeiten aus, welche auf dem Wechselspiel der physikalischen, biologischen, chemischen etc. Konstitution des Subjekts als Mensch, derer der Außenwelt und den daraus resultierenden Gesetzen zur gegenseitigen Einflussnahme beruhen. Ein Mensch mag eine Felswand potentiell durch die Koordination von Greifbewegungen der Hände und Stützbewegungen der Beine hinabsteigen, doch er wird kaum wie ein Vogel die Arme ausstrecken und die Felswand hinabgleiten können. Überdies kann nicht jeder Mensch eine Felswand hinabsteigen wie es ihm das Menschsein ermöglichen würde. In jeder Situation unterscheiden sich die Handlungsmöglichkeiten eines Subjekts in ihrer Gesamtmenge im Menschsein von der Teilmenge der faktischen Handlungsmöglichkeiten als individueller Mensch. Nur die Teilmenge der faktischen Handlungsmöglichkeiten erlaubt Absicht, zieht man die Teilmenge von der Gesamtmenge ab, ist in der verbleibenden Menge lediglich Wollen möglich (siehe Abbildung 1).[7]

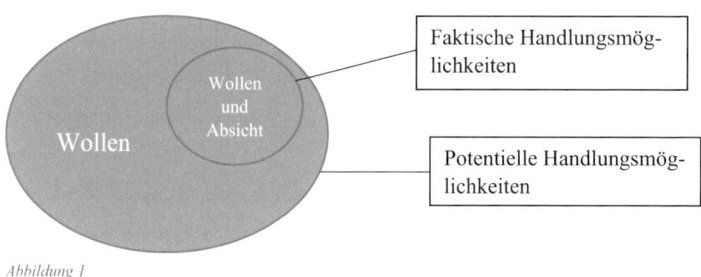

Abbildung 1

Jede Situation ermöglicht das Subjekt faktische Handlungsmöglichkeiten, das Subjekt muss aber auf diese zunächst aufmerksam werden, sprich mental repräsentieren. Was in den Fokus der Aufmerksamkeit gerät hängt einerseits von der Beschaffenheit der Außenwelt und deren Objekten (schnelle Bewegung, anormale Form/Farbe etc.) und andererseits von der Beschaffenheit der Innenwelt des Subjekts (Bedürfnisse wie Hunger, vorangegangene Gedanken etc.) ab. Der stetige Abgleich von externer und interner Realität stellt bestimmte Objekte in den Fokus der Aufmerksamkeit, die bestimmte Manipulationen im Rahmen der faktischen Handlungsmöglichkeiten des Subjekts erlauben (Affordanzen[8]). Welche Handlungsmöglichkeiten wir nutzen hängt wiederum vom Wollen

---

[7] Der Pool faktischer Handlungsmöglichkeiten kann an den Pool potentieller Handlungsmöglichkeiten angeglichen werden, indem man potentielle Handlungsmöglichkeiten **will** und mit Absicht faktische Handlungsmöglichkeiten nutzt und kombiniert, um den Kreis faktischer Handlungsmöglichkeiten zu erweitern. Hier liegt ein Problem des Lernens. Viele wollen nur, ohne dazu die nötigen Handlungen aus ihren faktischen Handlungsmöglichkeiten zu beabsichtigen und umzusetzen. Absicht ist der Weg zum Wollen bzw. zum Gewollten.

[8] Gibson, A Theory of Affordances. Gibson versteht unter Affordanzen die pragmatischen Möglichkeiten, welche ein Objekt für einen Betrachter hat. Interessanterweise aktiviert die bloße Betrachtung eines

ab. Das Wollen geht der Absicht stets voraus. Ohne Wollen wäre Absicht nicht möglich, weil das Subjekt nicht wüsste, was es beabsichtigen solle. Das Wollen entsteht aus der Assoziation von inhärenten, mit Wohlgefühl versehenen Trieben mit externen Reizen. Das Wollen schafft demnach Valenzen, eine subjektive Hierarchie von Objekten und Handlungsmöglichkeiten in der Welt. Ohne Wollen wäre Absicht blind. Erst die emotionale, nicht-volitionale, ja arbiträre Festlegung auf ein übergeordnetes Ziel erlaubt die Formung von rationalen, volitionalen Absichten von Handlungen, welche auf dieses Ziel hinauslaufen[9]. Die Erfahrung, dass das mit interner Belohnung versehene Energiesparen des Organismus bei gleichzeitiger, gewünschter Manipulation der Umwelt, weil andere für einen z.B. stets aufgetragene Aufgaben und Arbeiten erledigen, kann das Wollen auf genau diesen Sachverhalt ausrichten und erst die Absicht erlauben auch im weiteren Verlauf des Lebens nichts zu tun. Die Distinktion und Reihung von Wollen und Absicht wird dadurch verkompliziert, dass es parallel vielfaches und teilweise kontradiktorisches Wollen, sowie vielfache und teilweise kontradiktorische Absichten geben kann und Wollen und Absicht durch Änderungen in der Welt, seien die nun eigens oder fremd verursacht, stetig aktualisiert werden[10]. Wollen und Absicht sind derart ineinander verwoben, dass es nicht weiter verwundert wie oft das eine deckungsgleich mit dem anderen verwendet wird.

Der vorliegende Essay war unter anderem der Versuch den Unterschied von Wollen und Absicht hervorzuheben und den Begriff der Absicht trotz des begrenzten Rahmens und entsprechender Oberflächlichkeit zumindest etwas *in Klarheit zu hüllen*, denn nichts Anderes ist mit solchen Sprachspielen möglich.

Objekts alle bekannten Manipulationsmöglichkeiten mit diesem und bereitet diejenige Motorantwort auf, welche im jeweiligen Kontext am erwartbarsten ist, siehe z.B. Zhang, Sun, & Humphreys, Perceiving object affordances through visual and linguistic pathways: A comparative study.

[9] Vgl. Kavka, The Toxin Puzzle, S.163: „[I]ntentions are only partly volitional. One cannot intend whatever one wants to intend." Und das liegt meiner Meinung daran, dass Absicht vom Wollen geleitet wird, welches eben nicht-volitional ist.

[10] Vgl. Bratman, Intention and Means-End Reasoning, S.254: „Intentions […] have reason-giving force." So kann eine Absicht zu einer weiteren Absicht führen, quasi als Grund der zweiten Absicht dienen. Denn die Absicht als vorweggenommene Handlung ermöglicht bereits vor dem Eingriff in die Welt Konsequenzen eines solchen Eingriff zu antizipieren und basierend auf dieser potentiellen Situation weitere Absichten zu bilden.

Literaturverzeichnis

Anscombe, G. (1963). *Intention.* Cambridge und London: Harvard University Press.

Bratman, M. (1981). Intention and Means-End Reasoning. *The Philosophical Review, 90, 2*, S. 252-265.

Gibson, J. (1986). A Theory of Affordances. In R. Shaw, & J. Bransford, *Perceiving, Acting, and Knowing. Towards an Ecological Psychology.* (S. 127-143). Hoboken: John Wiley & Sons Inc.

Kavka, G. S. (2015). The Toxin Puzzle. In J. Dancy, & C. Sandis, *Philosophy of Action. An Anthology.* (S. 161-163). Chichester: Wiley Blackwell.

Seligman, M. (1999). *Erlernte Hilflosigkeit. Über Depression, Entwicklung und Tod.* (B. Rockstroh, Übers.) Weinheim und Basel: Beltz.

Zhang, Z., Sun, Y., & Humphreys, G. (2016). Perceiving object affordances through visual and linguistic pathways: A comparative study. *Scientific Reports, 6: 26806*, S. 1-9.

BEI GRIN MACHT SICH IHR WISSEN BEZAHLT

- Wir veröffentlichen Ihre Hausarbeit, Bachelor- und Masterarbeit

- Ihr eigenes eBook und Buch - weltweit in allen wichtigen Shops

- Verdienen Sie an jedem Verkauf

Jetzt bei www.GRIN.com hochladen und kostenlos publizieren